글 양화당
햇살 좋은 사무실에서 어린이책을 기획하고 집필하는 일을 하고 있습니다.
어린이들이 재미있게 읽으면서도 마음의 양식으로 삼을 수 있는 따뜻하고
영양가 있는 책을 많이 쓰고 만드는 게 꿈이랍니다.
쓴 책으로는 <새콤달콤 열 단어 과학 캔디>, <보글보글 열 단어 한국사 라면> 시리즈가 있습니다.

그림 허현경
고양이 준이와 젠과 살고 있습니다. 그림이 좋아서 일러스트레이터로 활동하며
어린이책과 잡지에 다양한 그림을 그리고 있습니다.
그린 책으로는 『오디세우스의 모험 일지』, 『야옹 의사의 몸 튼튼 비법 노트』,
『더 좋은 세상을 만든 착한 발명』, 『오늘부터 공부 파업』 등이 있습니다.

감수 이상석
성균관대학교에서 법학을 공부하고, 같은 학교 법학 전문 대학원에서
박사 과정을 이수했습니다. 현재 법무 법인 산하에서 변호사로 일하고 있습니다.
법은 우리가 사는 세상의 기준이므로 보다 많은 사람이 알아야 한다고 생각해
청소년과 성인들에게 법을 쉽고 편하게 풀어 전달하는 교육도 하고 있습니다.

K탐정의 척척척 대한민국 5
한가한 변호사, 나양심을 구해 줘!

초판 1쇄 발행 2024년 1월 29일 | 초판 6쇄 발행 2025년 8월 25일
글 양화당 | 그림 허현경 | 감수 이상석

발행인 윤승현 | 편집장 안경숙 | 편집관리 정아름 | 편집 이혜진 | 디자인 아이디스퀘어
마케팅 정지운, 박현아, 김지윤, 황지영 | 제작 신홍섭

펴낸곳 (주)웅진씽크빅 | 주소 경기도 파주시 회동길 20 (우)10881
문의 전화 031)956-7523(편집), 031)956-7569, 7570(마케팅)
홈페이지 www.wjjunior.co.kr | 블로그 blog.naver.com/wj_junior | 인스타그램 @woongjin_junior
출판신고 1980년 3월 29일 제406-2007-00046호 | 제조국 대한민국 | 사용연령 7세 이상

글 ⓒ 양화당, 2024 | 그림 ⓒ 허현경, 2024
저작권자와 맺은 특약에 따라 검인을 생략합니다.

ISBN 978-89-01-26891-0 74300 · 978-89-01-25830-0(세트)
•잘못 만들어진 책은 바꾸어드립니다.

웅진주니어는 (주)웅진씽크빅의 유아·아동·청소년 도서 브랜드입니다.
저작권법에 의해 한국 내에서 보호를 받는 저작물이므로 무단 전재와 무단 복제를 금지하며,
이 책 내용의 전부 또는 일부를 이용하려면 반드시 저작권사와 (주)웅진씽크빅의 서면 동의를 받아야 합니다.

⚠ 주의
1. 책 모서리가 날카로워 다칠 수 있으니 사람을 향해 던지거나 떨어뜨리지 마십시오. 2. 보관 시 직사광선이나 습기 찬 곳은 피해 주십시오.

K탐정의 **척척척 대한민국**

양화당 글 | 허현경 그림

5 한가한 변호사, 나양심을 구해 줘!

웅진주니어

K탐정 프로필

나이: 13세
학력: 어린이 탐정학교 수석 졸업
장래 희망: 셜록 홈스를 뛰어넘는 명탐정
특기: 최소한의 실마리로 사건 해결하기
취미: 사람 관찰하기

어느 날 난 할아버지 댁 벽장에서 오래된 갓을 발견했어.
갓을 머리에 쓰자 갑자기 아이큐 급상승!
난 새로운 능력을 좋은 데에 쓰기 위해
탐정 사무소를 열었어. 앞으로 나를 대한민국
대표 탐정이라는 뜻으로 K탐정이라고 불러 줘.

나양심
나태풍의 아빠. 이삿짐센터를 운영하는 일에 자부심을 갖고 있음. 이름처럼 양심 있고 정직한 생활이 몸에 배어 있음.

한바른
나태풍의 엄마. 바른말을 잘하는 여장부 스타일. 아빠와 함께 이삿짐센터를 운영하며, 친화력이 최고임.

나태풍
초등학생 여자아이. 씩씩한 외모에 딱 부러진 성격. 한번 마음먹은 일은 꼭 해내고 불의를 보면 참지 못함.

나소풍
나태풍의 여동생. 언니와 달리 귀여운 외모. 종알종알 수다쟁이이며, 늘 언니를 졸졸 따라다님.

행복 빌딩 사람들

한가한
전혀 한가하지 않은 변호사. 자신감이 최고!

구씨 할아버지
행복 빌딩을 자기 몸처럼 아끼는 빌딩 주인. 별명이 구두쇠.

최강 태권도 학원 관장
한때 잘나가던 태권도 국가대표 출신. 말썽꾸러기 아들이 있음.

향기나 꽃집 사장
'꽃보다 주인'이라며, 마을에서 인기 최고인 꽃미남.

불꽃 마트 사장
겉은 무뚝뚝하지만 속은 다정다감함.

미술 학원 원장
새로운 입주자로, 세련미가 철철 넘침.

양화당
출판사 대표. 사무실에 콕 박혀 지내, 얼굴을 보기 힘듦.

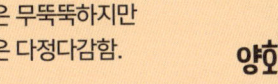

오 마이 갓 백과 법이란? · 13
K탐정의 세계 탐구 세상에 이런 법이? · 24

오 마이 갓 백과 헌법이란? · 31
K탐정의 세계 탐구 기본권의 시작, 프랑스 혁명 · 42

오 마이 갓 백과 불법이란? · 49
K탐정의 세계 탐구 저작권을 기부한 『피터와 웬디』 작가 · 56
에필로그 '양심 바른' 태풍 이삿짐센터가 된 사연 · 58

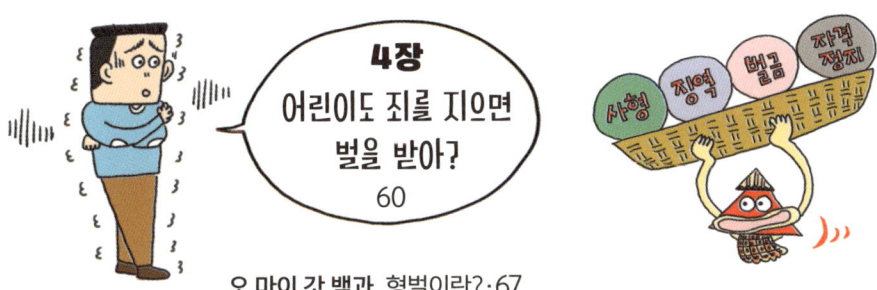

4장 어린이도 죄를 지으면 벌을 받아? 60

오 마이 갓 백과 형벌이란? · 67
K탐정의 세계 탐구 싱가포르에서는 태형이 형벌! · 74

5장 변호사가 필요해? 76

오 마이 갓 백과 변호사란? · 81
K탐정의 세계 탐구 법과 정의를 지키는 세계의 사람들 · 88

6장 유죄일까, 무죄일까? 90

오 마이 갓 백과 공정한 재판이란? · 95
K탐정의 세계 탐구 세계의 명재판 · 106

1장 규칙을 지키라고?

아하, 새로 이사 온 이삿짐센터 가족이네.
나처럼 정 많고 똑똑한 이웃을 둔 걸 영광으로
여기라고. 근데 무슨 일이야?

음, 규칙이 이상해도 일단 지키는 게 맞아.
넓은 의미로 보면 규칙도 법이거든.

우리가 함께 지키기로 약속한 것들로는 법, 예절, 공중도덕이 있어. 이 중 예절이나 공중도덕은 지키지 않아도 벌을 받지 않아.

하지만 법은 달라. 지키지 않으면 벌을 받지.

이처럼 벌을 받는 까닭은
법이 사람들을 안전하게 보호하기 위해
꼭 지켜야 할 것들로 만들어졌기 때문이야.
또 법은 다툼이 생겼을 때 해결하는 기준이 되기도 해.

우린 법이란 울타리에 둘러싸여 살아.
우리 주위에 어떤 것들이 법으로 정해졌는지 알아볼까?

이처럼 법은 우리를 안전하게 지켜 주기도 하고,
우리가 마음대로 행동하는 것을 막기도 해.

건물의 규칙은 구씨 할아버지가 만들 수 있지만,
모든 국민이 지켜야 하는 법은 국회에서 만들지.
지금부터 법이 만들어지는 과정을 살펴볼까?

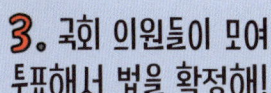

3. 국회 의원들이 모여 투표해서 법을 확정해!

국회 의원 과반수가 참석하고, 참석한 의원 중 과반수가 찬성했습니다! **통과!**

쾅 쾅

국회 의장

짝짝짝!

4. 대통령이 법안에 서명하고, 널리 알려!

동물 보호법을 공포합니다!

이제부터 동물을 학대하면 벌을 받는대요.

무슨 법이지?

이렇게 만든 법으로 나라를 운영해서 우리나라를 법치 국가라고 하지.

그럼 법은 언제부터 있었을까?
첫 나라 고조선 시대 이야기를 들려줄게.

하하하, 그런 셈이네.
모두가 함께 약속한 규칙을 지키는 빌딩이니까, 법치 빌딩!

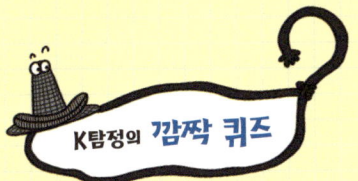

YES 외국 대사관 건물에 속한 곳은 우리나라 법을 따르지 않아. 대사관은 파견된 나라의 영토라고 생각하거든. 그래서 외국에서 온 대사와 그 가족, 직원들은 죄를 지으면, 우리나라 법이 아니라 자신들 나라 법에 따라 벌을 받아.

YES 세계에서 가장 오래된 함무라비 법전에 나온 말이야. 2.25미터나 되는 큰 돌기둥에 '눈을 다치게 하면 눈을, 이를 다치게 하면 이를 다치게 해 보상하라.'고 새겨져 있어. 지금의 법과는 다르지?

K탐정의 세계 탐구

세상에 이런 법이?

로마에 가면 로마법을 따라야 하듯이,
세계 여러 나라에 가면 그 나라 법을 따라야 해.
어떤 법이 있는지 알아볼까?

🇬🇷 그리스, 유적지에서 하이힐 금지법

그리스에는 세계적인 유적지가 아주 많아. 그래서 유적지가 훼손되는 걸 막으려고 하이힐을 신지 못하게 하는 법을 만들었어.

🇸🇬 싱가포르, 껌 금지법

싱가포르에서는 껌을 사거나 씹으면 법에 어긋나. 껌 때문에 길거리가 더러워지는 것을 막기 위해서지. 단, 치과 의사의 진단을 받아 껌을 약으로 처방받으면 씹어도 돼.

🇺🇸 미국 하와이주, 산만한 보행 금지법

미국 하와이주에서는 횡단보도를 이용할 때 휴대폰, 태블릿 피시, 노트북, 전자책 등을 보면 안 돼. 보행자의 안전을 위해 생긴 법이야.

"으악, 오줌 마려운데, 어떡하지?"

🇨🇭 스위스, 변기 물 내리기 금지법

스위스에서는 밤 10시 이후에 변기의 물을 내리면 안 돼. 물 내리는 소리가 이웃에게 피해를 준다고 생각해서지.

🇻🇪 베네수엘라, 호흡세 부과법

베네수엘라에서 시몬 볼리바르 국제공항을 이용하려면, 호흡세 20달러를 내야 해. 공항에 신선한 공기를 제공하는 서비스 대가야.

🇩🇪 독일, 고속도로 정차 금지법

독일의 자동차 전용 도로 아우토반에서는 속도 제한 없이 달릴 수 있어도 멈추는 건 금지야. 자동차가 고장 나서 멈추는 것도 법 위반이야.

"세상엔 참 독특한 법이 많지? 모두 나의 안전과 함께 사는 공동체를 위해 만든 법이야."

헌법에 어긋나면 큰일 나?

'오후 7시 이후 어린이 출입 금지!' 규칙 때문에 날 불렀다고?

태풍이 말이 맞아.
새 규칙은 어린이의 권리를 해치고 있어.
이런 규칙은 헌법에 어긋난다고 볼 수 있지.

헌법이란?

나라를 움직이는 **원리**와 국민의 **권리**에 대해 정해 놓은 법. 우리나라 법 중 **최고**다.

우리나라 헌법은 1948년 대한민국이 처음 태어날 때 만들어졌어. 헌법 이야기를 들어 볼래?

뽑힌 국회 의원들은 맨 먼저 새 나라의 이름을 정했어.

대한 제국을 이어받은 나라니 '대한' 어때요?

민주주의 나라니까 대한민국으로 합시다!

좋아요! 멋진데? 찬성!

또 우리나라를 다스리는 기본법인 헌법도 만들기 시작했지.

이러쿵 저러쿵   쑥덕 쑥덕쿵   와글 와글   부스럭 슥

그해 7월 17일, 드디어 대한민국 헌법이 태어났어.

경축 헌법 탄생!

곧이어 헌법에 따라 첫 대통령을 뽑은 뒤, 대한민국 첫 정부를 세웠어.

이 나라를 앞으로 헌법에 따라 다스리겠습니다.

그래서 7월 17일을 제헌절로 정해 지금까지 그 뜻을 기념하고 있어.

현재 우리나라 헌법은 총 130개 조항으로 이루어져 있어.
그중 헌법 제1조 내용이 뭔지 볼까?

정답!
국민이 주인이고, 나라를 다스리는 권리도
국민으로부터 나온다는 걸 헌법 맨 앞에 밝힌 거지.
이게 바로 우리나라를 다스리는 기본 원칙이야!

헌법에는 우리나라 영토에 대해서도 밝히고 있어.

또한 우리나라가 평화 통일을 추구하고, 침략 전쟁에 반대하며, 전통문화를 계승하고 발전시켜야 한다는 점 등이 헌법에 나와 있어. 헌법만 보아도 우리나라가 어떤 나라인지 짐작할 수 있지?

헌법에는 우리나라 국민의 권리도 자세히 정해져 있어.
국민이 마땅히 누려야 할 권리를 보호하기 위해서야.

사실 헌법 말고도 나라에는 여러 법이 있어.
법은 만든 곳에 따라 이름이 달라.

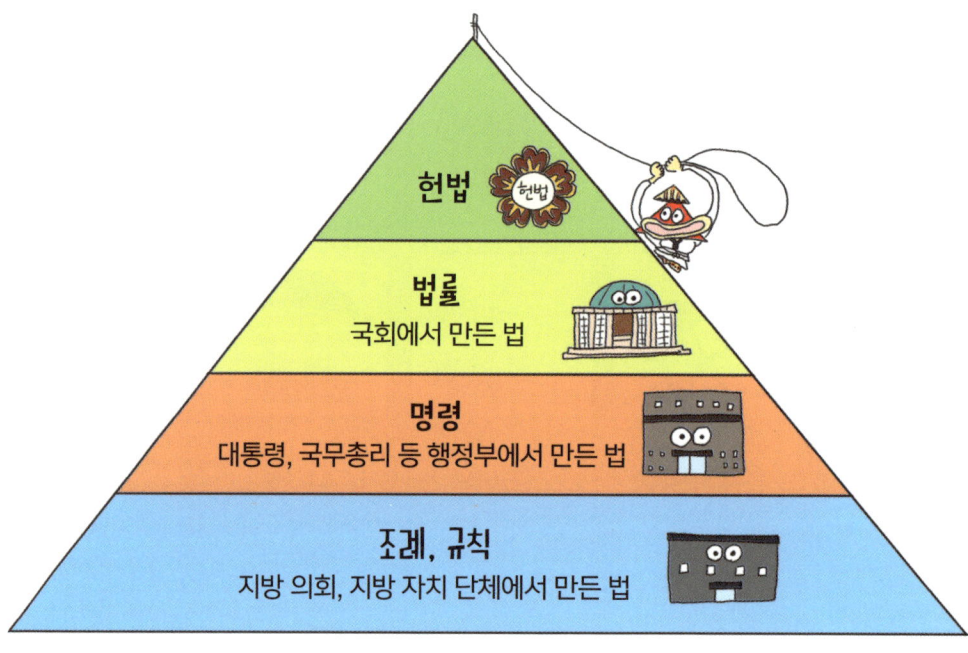

이 중 헌법이 모든 법의 꼭대기에 있는 최고법이야.
그래서 다른 법은 헌법에서 정한 내용을 따라야 해.

만약 헌법에 어긋나면 효력을 잃거나 바꾸어야 하지.
구씨 할아버지가 새로 정한 규칙은
헌법에 나온 국민의 권리 중 평등권에 어긋나.
평등권은 어떤 이유로든 국민이 차별받지 않을 권리거든.

법도 재판을 받아?

법원에서는 사람이 한 일의 옳고 그름을 가리지만, 헌법 재판소에서는 법의 옳고 그름을 가려. 또한 대통령 등 고위 공무원이 잘못했을 때 어떻게 처분할지를 정하고, 정당의 활동이 헌법에 위반되는지를 가리며, 국가 기관 사이의 다툼을 판단하는 등 중요한 일을 해.

헌법은 절대 못 바꿔?

헌법도 바꿀 수 있지만, 국민 투표를 거쳐야 하는 등 절차가 까다로워. 우리나라는 1987년에 대통령을 국회 의원이 뽑는 것에서 국민이 뽑는 것으로 헌법을 바꿀 때, 국민 투표로 결정한 적이 있어.

기본권의 시작, 프랑스 혁명

헌법에 적힌 평등권, 자유권 등은 국민의 기본권이라고도 해.
기본권은 언제부터 생겨났을까?

3장
저작권법을 어겼다고?

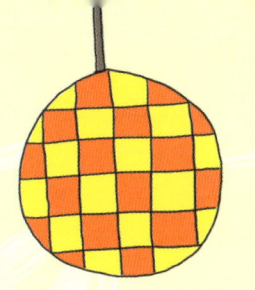

나를 부르는 곳이라면, 어디든 신속하게 도착.
노래방 이용 시간이 남았어도 포기할 줄 아는
멋진 탐정은 바로 나! 무슨 일이야?

이삿짐센터를 홍보하려고 캐릭터를 허락 없이
사용했다는 거지? 그럼 불법이 맞아.

불법이란?
법을 어겨서
다른 사람에게 피해를 주는 것.
일부러 한 행동이나
실수로 한 행동
모두 해당된다.

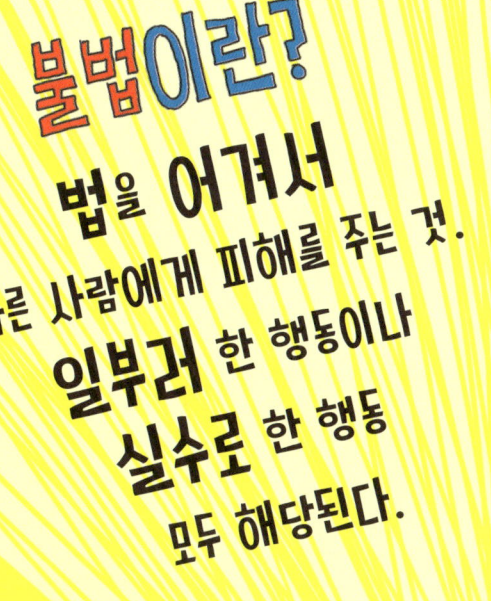

너희는 저작권법을 어겼어. 저작권법이란 캐릭터, 그림, 음악, 영화 등을 만든 사람의 권리를 보호하는 법이야. 이 법을 어기면 다른 사람에게 어떤 피해를 주는지 볼래?

이처럼 허락 없이 캐릭터를 맘대로 쓰는 건 만화가의 재산을 훔치는 행위와 같아.

일상생활에서 저작권법을 어기는 경우를 더 알려 줄게.

저작권법뿐만이 아니야. 우리가 무심코 한 행동 중에도 불법인 것들이 더 있지. 어떤 게 있는지 살펴볼까?

소풍 사진을 별스타에 올렸는데 다른 반 친구가 찍혀 있었어.
이게 불법일까?

다른 반 친구의 허락 없이 별스타에 올렸다면 **초상권 침해야.**

별스타에 장난으로 식당 음식에서 벌레가 나왔다고 올렸어.
이게 불법일까?

배고픈데 음식이 너무 늦게 나왔어. 혼 좀 나 봐라.

사이버 명예 훼손죄에 해당돼. 7년 이하의 징역을 받을 수 있어.

K탐정의 깜짝 퀴즈

저작권을 가진 사람이 죽으면 권리가 바로 사라져?

NO 저작권은 일반적으로 저작권을 가진 사람이 죽은 뒤 70년까지 보장돼. 그 후손이 권리를 가지고 있다가, 70년이 지나면 권리가 사라져. 그래서 1890년에 죽은 고흐의 「해바라기」 그림은 지금 누구나 마음대로 이용할 수 있어.

예전에는 미니스커트를 입는 게 불법이었어?

YES 1970년대에는 미니스커트와 장발을 금지하는 경범죄 처벌법이 있었어. 경찰이 여자들의 치마 길이를 재서 무릎 위로 20센티미터 이상 올라가면 처벌했어. 남자들도 머리가 길면 그 자리에서 바로 잘랐어. 지금은 이 법이 없어졌으니 걱정 마.

저작권을 기부한 『피터와 웬디』 작가

『피터와 웬디』를 쓴 작가는 영국의 제임스 매슈 배리야. 배리가 어떻게 자신의 저작권을 사회에 기부하게 됐는지 이야기를 들려줄게.

4장

어린이도 죄를 지으면 벌을 받아?

음, 말 안 해도 알겠어. 지난밤 낙서한 범인을 찾는 거지? 어제 왔던 손님 중에 의심 가는 사람은 없는지 생각해 봐.

이야기를 듣고 보니 셋 다 불꽃 마트에 불만이 있었군.

그럼 세 명을 불러서 손을 확인해 볼까?

밤사이에 한 일이라 손에 흔적이 남았을지 몰라.

흔적이 남았어도 범인으로 단정할 순 없겠군.

범인은 바로 최강 태권도 학원 관장의 아들이야!

왜냐고? 관장의 아들은 불꽃 마트 사장에게 불만이 있었고, 손에는 낙서와 같은 색의 페인트가 묻어 있어! 결정적으로 '왕꼰대'라고 습관처럼 쓰는 말이 낙서의 내용과 똑같아. 어때, 내 말이 맞지?

당연하지. 우리나라에서는 죄를 지으면 법에 따라 형벌을 받게 돼.

형벌은 죄의 내용과 무거운 정도에 따라 달라져.
어떤 종류가 있는지 볼까?

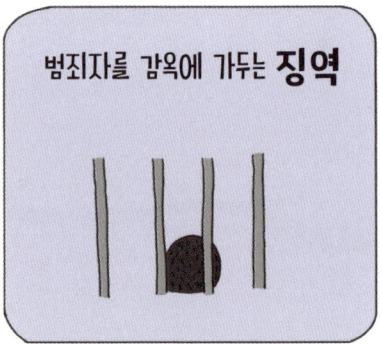

불꽃 마트 벽에 페인트로 낙서해서
장사를 방해한 경우니까 재물 손괴죄에 해당돼.

<형법 제366조>

일부러 다른 사람의 물건에
해를 끼쳐 피해를 준 경우
3년 이하의 징역 또는 700만 원 이하의
벌금에 처한다.

소년법은 19세 미만 어린이, 청소년에게만 적용되는 법이야. 어린이와 청소년이 죄를 지으면 몸과 마음이 성숙하지 못해 실수로 잘못을 저질렀다고 생각해. 그래서 반성할 기회를 주고, 특히 14세 미만의 어린이일 경우에는 무거운 죄를 지어도 감옥에 보내지 않아.

그 대신 소년 보호 재판을 거쳐 마땅한 벌을 내리지.

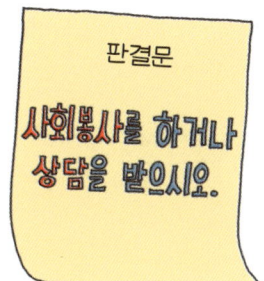

그뿐만이 아니야. 피해자가 입은 금전적, 정신적 손해는
죄를 지은 어린이의 보호자가 갚도록 해.
그러니까 "난 어리니까 용서해 줄 거야."라는 생각은
버리고, 자기 행동에 책임질 줄 아는 자세를 가져야 해.

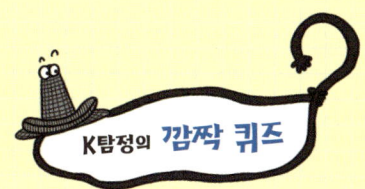

K탐정의 깜짝 퀴즈

우리나라에서 사형 제도가 사라졌다고?

전 세계 사형 현황
- 112개 : 완전히 폐지한 나라
- 20개 : 집행한 나라
- 63개 : 집행하지 않은 나라

*2022년 엠네스티 자료

NO 전 세계 나라의 약 57%는 나라가 개인의 생명을 빼앗을 수 없다는 이유로 사형 제도를 완전히 폐지하고 있어. 우리나라는 사형 제도가 있지만, 집행하지 않은 나라에 속해. 1997년 이후 집행된 적이 없어.

태국에서는 음주 운전을 하면 영안실로 보낸다고?

YES 태국에서는 음주 운전을 하다가 걸린 사람에게 벌로 영안실 봉사를 시켜. 교통사고 피해자의 시신이 있는 영안실에서 청소와 시신 닦기, 시신 옮기는 일을 하게 하지. 음주 운전을 하면 나도 남도 죽을 수 있다는 생각을 일깨우기 위해서야.

싱가포르에서는 태형이 형벌!

아시아의 작은 나라 싱가포르에는 엉덩이를 때리는 벌인 태형 제도가 있어.
이 벌이 세계의 큰 화젯거리가 된 이야기를 들어 볼래?

1993년, 신고를 받은 싱가포르 경찰이 급히 출동했어.
"주차된 자동차 50대에 누가 낙서를 했다고?"

경찰은 범인으로 18세의 미국인 소년 마이클 페이를 체포했어.
"낙서뿐만 아니라 자동차까지 파손했군요."

사건은 곧장 법원으로 넘어갔고, 페이에게 4개월의 징역과 벌금 2,200달러를 선고했어.
"잠깐, 여기에 벌을 하나 더 추가합니다. 태형 6대를 명합니다."
헉?

페이의 부모는 미국 정부에 도움을 요청했어.
"한 대만 맞아도 기절할 정도라는데, 6대라니요. 제발 도와주세요!"

5장
변호사가 필요해?

양심이 인간으로 태어난 것 같은 나양심 씨가
도둑으로 몰려 경찰에 끌려갔다고?
이런 일은 내가 당연히 발 벗고 나서야지!

일단 사건이 경찰에 신고되었으니
가장 급한 일은 변호사를 구하는 거야.

도둑질 같은 범죄 사건이 일어나면,
법에서 정한 절차에 따라 사건을 수사하고 처리해.

그런데 경찰과 검사가 최선을 다해 수사하고,
판사가 공정하게 판단하기 위해 노력해도
간혹 실수가 생길 수 있어.
그러면 법을 잘 모르는 사람이 피해를 입게 되지.

그래서 변호사가 필요한 거야.
변호사는 법률 전문가로서 수사나 재판 과정에서
사람들이 부당한 대우를 받지 않도록 도와주거든.
만약 변호사를 구하지 못하면
나라에서 '국선 변호인'을 정해 변호를 맡게 해 줘.

K탐정의 깜짝 퀴즈

범죄 신고 전화는 왜 112야?

일일이 신고하라고

'전화로 사건을 일일이(112) 경찰서에 알려라.', '경찰이 일일이(112) 사회를 지키겠다.'라는 뜻이 있어. 범죄가 발생하면 전국 어디서나 112로 경찰에 신고할 수 있고, 해외에서도 연결할 수 있어.

조선 시대에도 변호사가 있었어?

YES

조선 시대에는 오늘날의 변호사와 비슷한 '외지부'가 있었어. 외지부는 법을 잘 알고 글재주가 뛰어난 사람들이 맡았는데, 주로 관청 근처에 머물며 재판에 관련된 사람에게 도움을 주고 대가를 받았지.

법과 정의를 지키는 세계의 사람들

사건을 수사하는 경찰과 검사, 억울한 사람을 돕는 변호사가
꿋꿋하게 법과 정의를 지키며 사람들을 도운 이야기를 들어 보자.

과학 수사로 범인을 밝힌 수사관, 정약용

조선 시대에 함봉련이라는 머슴이 모갑이라는 사람을 밀어 죽였다고 판결한 사건이 있었어. 당시 형조에서 일하던 정약용은 이 사건을 재수사해 모갑이 죽은 원인이 가슴에 맞은 상처 때문이라는 사실을 밝혔어. 그 덕분에 진짜 범인도 찾고, 함봉련의 억울함도 풀어 주었지.

수사에도 과학이 필요하지. 자세한 수사 기록은 『흠흠신서』를 보라고!

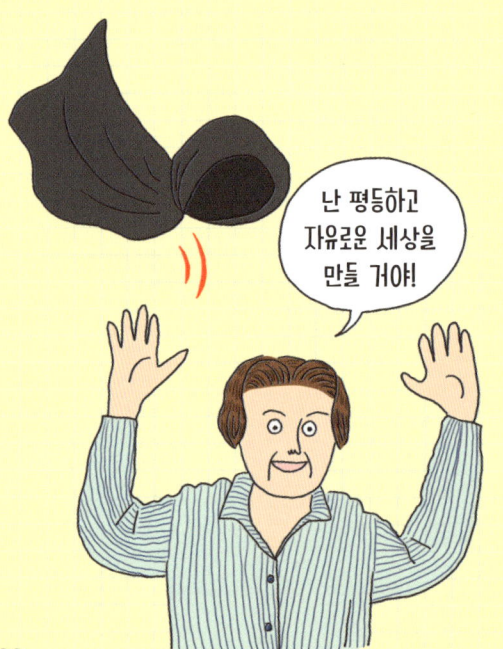

난 평등하고 자유로운 세상을 만들 거야!

여성과 어린이를 도운 변호사, 에바디

1970년, 시린 에바디는 이란에서 여성 최초로 판사가 되었어. 하지만 엄격한 이슬람 교리 때문에 판사직에서 쫓겨나 인권 변호사로 활동했지. 에바디는 여성들이 이혼하거나 재산을 물려받을 때 차별받지 않도록 가족법을 바꾸었어. 또 어린이의 권리를 후원하는 일에도 앞장섰어. 그 공로로 2003년에 이슬람 여성 최초로 노벨 평화상을 받았어.

인권을 위해 싸운 변호사, 간디

모한다스 간디가 살던 시절 인도는 영국의 지배를 받았어. 간디는 변호사로 일하며 차별받는 인도 사람들을 도왔지. 1919년에는 영국에 반대하는 인도 사람을 재판 없이 처벌할 수 있다는 법이 발표되자, 간디는 사람들을 이끌고 저항 운동을 시작했어. 그 덕분에 인도는 마침내 독립을 이룰 수 있었어.

마피아를 처벌한 검사, 팔코네

1980년대에 이탈리아는 마피아라는 범죄 조직 때문에 사회가 어지러웠어. 마피아는 경찰과 검사도 함부로 건드리지 못했지. 그런데 조반니 팔코네가 동료 검사와 증거를 모아 마피아 조직원 3백여 명의 유죄 판결을 받아 냈어.

6장

유죄일까, 무죄일까?

법원 도착! 중요한 재판에 내가 빠질 수야 없지.
근데 재판도 시작하기 전에 무슨 일이야?

음, 이건 큰 문제야.
판사를 바꿔 달라고 요청해야 해.
친척이라면 공정한 재판이 안 될 수도 있거든.

판사는 재판정에서 검은색 법복을 입어. 검은색이 어떤 색에도 물들지 않아 공정함을 상징한다고 여기거든. 옷에서부터 공정하게 재판하겠다는 의지를 보여 주는 거지.

그뿐만이 아니야.
나라에서는 국민이 억울한 일이 없게 하려고
공정한 재판을 받을 수 있는 여러 가지 제도를 만들었어.
어떤 제도가 있는지 볼까?

이제 재판이 어떻게 진행되는지 볼까?

먼저 검사가 여러 증거를 제시하며 피고인에게 질문해.

변호사는 다른 증거를 제시하거나 증인을 내세워 피고인을 변호해.

검사와 변호사가 피고인과 증인에게 질문을 다 하면,
판사는 지금까지 나온 여러 증거와 증인들의
말을 종합해서 검토해.
그런 다음, 유죄인지 무죄인지 밝히고,
유죄면 죄의 무게에 따라 형벌을 선고하지.

잘 해결되어서 다행이지?
이처럼 법은 옳고 그름을 공정하게 따져서
누구도 억울하지 않도록 하는 게 목적이야.
이런 게 바로 법에서 말하는 '정의'란다.

K탐정의 깜짝 퀴즈

정의의 여신상은 눈을 감고 있어?

YES 세계 여러 나라의 법과 관련된 장소에는 정의의 여신상이 있어. 보통 눈을 가리고 있는데, 편견에 치우치지 않고 공정하게 재판하겠다는 뜻이지. 하지만 우리나라 대법원에 있는 여신상은 법을 어긴 사람을 지켜본다며 눈을 부릅뜨고 있어.

영국의 판사는 다 머리가 하얘?

NO 영국에서는 범죄자를 처벌하기 위한 형사 재판 때 판사뿐만 아니라 검사, 변호사 모두 흰색 가발을 써. 1100년대부터 내려온 전통으로, 법의 권위와 엄중함을 재판에 참석한 사람들에게 보여 주기 위해서야.

세계의 명재판

1930년, 미국 뉴욕에서 있었던 유명한 재판 이야기를 들어 볼래?
가벼운 범죄라 변호사와 검사 없이 판사 혼자 판결한 재판이야.

재판정으로 낡은 옷을 입은 노인이 경찰에 이끌려 들어왔어.
재판을 맡은 피오렐로 라과디아 판사가 물었어.

"무슨 죄를 지었나요?"

"가게에서 빵 한 덩어리를 훔쳤습니다."

"얘걔, 겨우 빵 한 덩어리?"

"그래도 도둑질이지."

라과디아 판사는 노인에게 물었어.

"왜 빵을 훔쳤나요?"

"굶고 있는 손자들이 딱해서 훔쳤어요. 정말 죄송합니다."

라과디아 판사는 잠시 고민하더니 판결했어.

"벌금 10달러를 내시오."

쾅 쾅!